PUDIERA NO ESTAR

PUDIERA NO ESTAR

DENIS FABRUNO

Valparaíso
EDICIONES

Número 474 de la Colección VALPARAÍSO DE POESÍA
dirigida por FEDERICO DÍAZ-GRANADOS

Primera edición: marzo de 2025

© De los poemas: Denis Fabruno
© Diseño de portada: Francescoch

© Valparaíso Ediciones
   C/ Fray Leopoldo, 7 bajo, 18014 Granada
   www.valparaisoediciones.es

   ISBN: 979-13-87538-35-4
   Depósito Legal: GR 260-2025

   Impreso en España - *Printed in Spain*
   Gráficas Gami

El papel utilizado para la impresión de este libro está calificado como papel ecológico y procede de bosques gestionados de manera sostenible

PUDIERA NO ESTAR

El trabajo libre y autoconstructivo:
algo que nadie nos puede quitar,
no es sólo experiencia,
es algo más,
convicción.
El hombre es lo que el oficio hace de él.

YO PUDE VER A MARCOS

Fue en mi último año de preparatoria, las elecciones se acercaban y la otra campaña había comenzado sus actividades. Una escala, mi ciudad, instalaciones de la Universidad Pedagógica Nacional (lugar en que a la postre por azares de la vida terminaría estudiando) un amigo de aquella época, que aún conservo, me invitó para que juntos fuéramos al mítin, el cual, según recuerdo era en viernes, el horario establecido para el acto eran las nueve de la mañana, la verdad sí pude haber asistido, ese semestre mis clases comenzaban a las once o doce horas dicho día de la semana, preferí quedarme dormido y cumplir normalmente con mis obligaciones, creo no hay mejor utopía que soñar y primero es descansar que ser Zapatista, tiempo después, un maestro de la uni, que estuvo presente y vio al subcomandante (en un escenario montado ex profeso detrás de la cafetería casi enfrente del edificio "D") aseguraba que este se comunicaba en todo momento con la selva lacandona.

En fin, yo pude ver a Marcos.

TUVE UNA MUJER

yo tuve una mujer
que conocí en la calle
cuando salía a manifestarse,
yo tuve una mujer
que se cubría el rostro
cuando empuñaba armas
y lanzaba molotovs,
yo tuve una mujer
que abortó
estando presa en la cárcel,
yo tuve una mujer
que fue violada
por policías
al ser detenida
repartiendo flyers subversivos,
yo tuve una mujer
que puede mantener
a nuestros hijos
aun cuando estoy muerto,
yo tuve una mujer
que cruzó de noche
a pie
sierra morena
por amor a un ideal y a una persona,
yo tuve una mujer
que se bañaba de madrugada
con agua helada,
yo tuve una mujer

que ahora dirige
una biblioteca pública,
yo tuve una mujer…

CENA DE ESTUDIANTES
UNIVERSITARIOS

frijoles de lata
asándose en el sartén después de medianoche
o quizás, pasta con rodajas de jitomates casi a punto de
pudrirse,
jugo de piña servido directo del cartón,
cigarro de tabaco o mota en los labios del cocinero y los
expectantes,
Amira en la televisión abierta,
un libro sobre la mesa de plástico con publicidad de una
cervecería,
Valium a la hora de irse a dormir,
vómito más tarde en la madrugada por tanto alcohol.

COFFEE DEUS

debería existir un dios del café
y si no, habría que inventarlo
llamémosle Kaffa o Kawa
su mesías "la cabra"
Kaldi apóstol
Etiopia tierra santa
si los monjes de la abadía donde corrió el milagro no
tienen un santo habría que
crearlo
porque no se puede trabajar sin café
bebida de la producción y la productividad
de la explotación o autoexplotación
bebida de minero y niño jornalero
de los que velan y no descansan
de los que imaginan y de los embrutecidos
de los dormidos y los despiertos
de todos hoy en día es este licor, este elixir, este brebaje
este regalo de los dioses para Sísifo o Tántalo, su maldición.

DESPUÉS DE INNUMERABLES
PRESOS Y AÑOS

después de sinfín de palimpsestos, ordenaciones, caos y
superposiciones
                    inevitables
después de miles de muescas, grabados, trazos, sangre,
escupitajos...
después de una contabilidad absurda e infinita
ya perfectamente olvidada, sin uso ni propósito
(una ruina)
la pared de la prisión revela cual vestigio la mayor obra
de arte del mundo y de la posthistoria:
el rostro de dios, el *Salvator Mundi*.

ÉRASE UNA VEZ UN PAÍS[*]

aún conserva el honor, el porte, el garbo, el orgullo;
medalla, galeones, rangos militares
de un gobierno desaparecido al querer ser imperio.
Ahora existen personas especializadas que cazan
a estos hombres, a estos valerosos soldados de lo que fuera
una nación legítima, aunque de consecuencias apocalípticas
¿qué sucede, qué pasa con estos individuos, estas insignias,
cuando termina la guerra y tu país desaparece
y tu líder ha muerto,
lo peor, te conviertes en una vergüenza histórica que
la reconstrucción de la posguerra trata de olvidar
como si fuera un trauma,
qué queda de estos grandes soldados condecorados
por un país equivocado, qué significan ahora sus divisas,
sus estrellas, sus uniformes o incluso sus instituciones
y banderas?

---

[*] "Había una vez un país, esta historia no tiene principio ni fin…"
Underground, Emil Kusturika (1995).

PENIQUES

tuvo una educación pública
es y ha sido consuetudinario bebedor de café y lector de
periódicos,
como decían en el siglo XVIII: asistió a la universidad de
a penique
la única que alcanzan y alcanzaban a pagar los pobres
nada de escuelas privadas de a chelines o libras,
lo suyo fue lo socrático y diogenésico;
calle, bohemia, informalidad.

EXEQUIAS

para Álex

lo que le preocupa es cómo será preparado y despedido
una vez muerto, si será enterrado o cremado,
si será alimento de buitres y otras bestias o sólo
de los gusanos, si estará a la intemperie en el bosque o
sobre una pira en tierra o en una barca en llamas,
si será cantado o sólo poetizado en elegías, si tendrá epitafio…
Esta escatología definiría el sentido bondadoso o maligno,
trascendental o nimio
de su existencia en este mundo.
Dicho esto, es consciente de que ese hipotético futuro no
depende de él sino de los otros: los que se quedan.

LA NOCHE ANTERIOR HABÍA ESTADO LLOVIENDO

es decir, el suelo estaba encharcado
ese domingo él no tendría que haber acudido a reparar
el cortocircuito de la maquinaria
que permite funcionar esta fábrica
pero estaban escasos de personal y tuvo que ir a
componer el desperfecto a pesar
de ser su día de descanso
verificó todo el cableado
un switch que debía estar apagado continuaba encendido
al desconectar la mufa pata de elefante
el golpe de luz hizo tierra con el agua bajo sus pies
la muerte entró por la mano derecha, recorrió su cuerpo
y salió por la izquierda
estigmas de carbón a su paso.

REFORMAS

hace un tiempo milenario que el sistema penal debería
darte la opción de la pena capital inmediata
en cualquier delito y condena
pero no, el ser humano es un animal vil e irracional
incluso en los países donde se sentencia a muerte
el preso debe esperar en el pasillo varios años para llegar a esta.

NUNCA HA PELEADO

está seguro de que al hacerlo matará a quien tenga enfrente
entonces todo se irá al traste
es puro nervio y violencia contenida
musculatura tensa cuerda de arco
es sorprendente cómo sigue sin ser asesino este hombre
este furioso bisonte.

SCUDERÍA FERRARI

—¿A dónde más podemos ir?—
le dije al señor Schumacher después de pasar por el
tercer seis de cerveza
lo conocí en el recorrido guiado de la exposición que el
MUNAL le dedicó
así que a la salida cuando ya se iba le levanté el pulgar, le
pedí aventón
él, como buen alemán, accedió
y aquí estamos en una carretera mexicana a cientos de
kilómetros por hora
sin saber si me lleva por putas o a mi casa
y mezclando el sueño con la realidad.

NO DEBÍ HACER ESE VIAJE A CUBA

no debí analizar el régimen de miseria y opresión en el
que viven
no debí desentrañar ni hablar mal de su política
no debí vanagloriarme de vivir en un país
medianamente democrático
la vida da vueltas, los gobiernos se invierten
ahora, nos dirigimos a la catástrofe
alguien tomó al revés mis comentarios
y se inspiró en ellos para destruir nuestro país.

MANIFIESTO

pienso en la libertad anarquista como un motor creativo
y místico ideal
en verdad no creo que sea posible en este mundo
ni ahora, ni antes, ni nunca
sin embargo, me atrae de forma irresistible
nadie puede decir que quiera otra cosa
todos queremos lo mismo
fraternité, égalité…, desarrollarte, llegar a ser quién eres
y eso no se puede desmontar
ni el capital
alguien tiene que mandar
por ahora es el dinero o aquellos quienes lo detentan
en forma de poder y autoridad
o a través de un entramado o estructura de diferentes
dispositivos
que la mayoría de las personas dudosamente alcanzamos
a vislumbrar.
Todos queremos lo mismo, sin embargo, es tan difícil
ponernos de acuerdo
siempre hay alguien que quiere o tiene más,
a veces el problema no es cuestión de dinero sino de
seguridad social, educación,
ciencia, arte, vivienda, alimentación, dignidad para
acabar pronto
que allá, ellos, los tiranos, los magnates, los maestros de
marionetas se forren, se revuelquen,
se ensucien, se enloden en su muladar ofensivo
de billetes y bienes

pero dejen progresar a las personas. Sólo eso. Y no
hablo de reformas ni fuegos de artificio
sino de verdadero llegar a transformarnos para alcanzar
nuestro potencial positivo, el que cada uno tiene.

ANTES DURANTE ALGÚN TIEMPO

anterior a esta época
cada nuevo libro
parecía cambiar y revolucionar la historia de la
literatura, es decir, de la humanidad
(los escritores eran tratados como *rockstars*, recuerdo ver
por TV a Foucault
debatiendo con Lacan —mi licencia poética o mi
memoria son excesivas, ni
siquiera sé si se conocieron, si fueron estrictamente
contemporáneos—)
ahora, las publicaciones se archivan, se destruyen por
falta de ventas, se olvidan
¿Qué habrá pasado que ya no se dialoga ni argumenta
con fervor, ya no hacen falta respuestas ni preguntas,
ya todo da igual, a nadie le importa nada?

HINTERLAND

El muelle absoluto por cuyo modelo
inconscientemente imitado, insensiblemente
evocado, nosotros los hombres construimos
nuestros muelles en nuestros puertos
FERNANDO PESSOA

mi cuerpo: entrecruzamiento, ensenada
donde vías, minas y puertos terminan, destinan, zarpan,
se entrelazan;
rumor de trenes, rotomartillos y cargueros explotando
lo único que podía
venderse y usufructuarse más fácilmente en aquellos
años setentas en ese
paraíso convertido en infierno, a saber; fierro,
manganeso y crisol.
Este es y fue mi terruño, suelo pélvico donde nací.

SIN TÍTULO

Aviones sobrevolando un monstruo
DANIEL SALDAÑA PARÍS

robaban libros de anatomía y fisiología de su biblioteca
escolar;
los dejaban caer por la ventana, uno vigilaba debajo
mientras los volúmenes
planeaban hasta aterrizar entre plantas
nadie nunca los vio o descubrió a pesar del flagrante
delito cultural y pedagógico:
uno no se convierte en médico siendo pobre o cobarde.

ESTÉTICA DE LA RAZÓN Y LA HISTORIA

horrenda, ignorada, imposible, inalcanzable, mutilada,
desvirtuada, censurada,
combatida, buscada, perseguida, oscurecida, lúcida,
cotidiana, extraordinaria,
destructiva, creativa, genésica, apocalíptica, subyugada,
maniatada, golpeada,
violada, asesinada, rediviva, contingente, definitiva,
mentida, revelada, fehaciente:
hermosa verdad: inclina, doblega lo que fue, es y será.

EL EMBALSAMADOR

unge primero con mirra y perfumes
el cuerpo del muerto,
procede a realizar una incisión
en el centro del tronco,
retira uno a uno los órganos,
cierra y zurce con hilo de oro,
comienza a maniatar el cuerpo con vendajes
hasta lograr la postura deseada,
se abre un foso en el centro
en lo más profundo de la caverna,
lo más inaccesible del sistema de cuevas,
se deposita al difunto vertical y se arrojan objetos
que le serán de utilidad en la otra vida,
posesiones preciosas y preciadas del difunto; un hacha,
un cuchillo de sílex
u obsidiana
por último, se cierra y sella el hueco con tierra.
Ahora la tribu debe aprender a vivir afuera
(bajo la claridad del sol o de la luna)
con un miembro menos
¿llorarán acaso estos primeros humanos?
¿volverán a menudo a visitar a sus iguales caídos en la
fiera lucha por la vida?
¿qué danzas y ritos invocan estos homínidos, separados
en el tiempo y el espacio
de nosotros y de lo que consideramos humanidad?
El embalsamador, el momificador
embala personas
rumbo a lo desconocido.

¡QUÉ TERQUEDAD!

¡Qué astucia del ajedrecista entrenado!
el cual, al estar "perdido"
se inventa toda clase de argucias, subterfugios,
estratagemas, embustes, celadas
con tal de salvar la partida
le da vueltas en la cabeza,
hunde los codos en la mesa,
se levanta, respira
se la pone tan complicado al oponente
—ya ríndete, estás perdido, amigo— parece decir este
último
pero el otro porfía la batalla
y parece contestar —vénceme, doblégame, hazme
abdicar— no cabe duda:
"Lo más difícil que hay es ganar una partida ganada",
dijo un gran maestro.

SÓLO CREANDO COMPRENDEMOS LO CREADO

sólo enunciando, pronunciando y desarrollando por
nosotros mismos nuestras propias ideas
(no digamos plasmándolas) comprendemos el verbo
original e inspirado
sólo pintando, esculpiendo, dibujando, grabando…
comprendemos la imagen del mundo y de las cosas
sólo repitiendo en variedad y riqueza sonidos y notas,
sinfónicas o callejeras
comprendemos el aullido acústico universal
(la Tierra dijo Tesla es una gran caja de resonancia)
sólo corriendo o danzando o meditando…
comprendemos el ritmo interno de la materia;
esos protones, electrones, quarks, fotones, teseractos…
chocando y vibrando en lo más profundo y elemental
para llegar a transformar el conocimiento
en un estado más de la materia (literalmente en luz)
sólo el silencio es capaz de escuchar lo importante.

VIVO EN UNA PIEZA DE ALQUILER

donde nunca puedo leer
las voces de los otros abonados
siempre resuenan hasta mi cuarto
así que con ese pretexto
me arrellano en cafetines, en bancas del parque,
en cualquier silencioso adoquín
a veces espero hasta altas horas de la noche en que
la mayoría duerme para deleitarme
con algún libro vademécum.
La señora de la pensión, la dueña, Madame Fifí
el otro día me pidió de favor que la ayudara a mover de
habitación un viejo colchón que apestaba a orines,
está por demás decir que la comida es asquerosa,
incomible, llena de aceite barato,
el amueblado consiste en lo esencial; lo más económico
de cualquier inmundo bazar;
una cama, una silla y un baúl. Yo mismo tuve
que comprar la mesa en que esto escribo.
Todas las puertas dan al mismo mínimo patio interior
octogonal que más bien
parece una vecindad y eso sin hablar de los vecinos
de los pisos superiores.

OTRAS CRÓNICAS

desquiciado
al no poder encontrar el anhelado silencio en Marte
comenzó a matar a los hombres
siguió con las mujeres
porque alguno(a) de ello(as)
debía ser el perverso(a).
Después de un año solo y con ruido
se dio un tiro
dejando el siguiente mensaje:
(bibliotecario de la primera colonia humana en el
planeta rojo);
hubo una terrible epidemia, después de seis meses sigo
con vida y todos han muerto
no tardaré en enfermar y seguir a los demás
imploro: el "Proyecto Gutenberg II" debe continuar.

ESA NOCHE

dormimos en el departamento de la vecina de arriba
el agua llegaba a ras de las camas en nuestra vivienda
lanchas navegando en los andadores
impermeables que no protegen a nadie,
por la mañana, imposible desplazarse para ir a la escuela
o al trabajo.
Mi madre ha estado barriendo una y otra vez
el agua desbordada del río, del mar.
Alguien marcó con un lápiz el más de medio metro de
estatura de la inundación
en los hogares de los obreros y en el mío.

IMPÁVIDOS

vivimos conectados con la despreocupación sorprendente
de un salvaje que está aislado en la selva
siempre a punto de morir
siempre solo
devorando sesos y corazones de enemigos,
vivimos como si no hubiera luz eléctrica
como si Bélgica estuviera por llegar a iluminar las tinieblas
y traer la civilización y la razón con su empresa.
Vivimos así porque en verdad
deseamos el búnker solitario
el mundo tóxico postatómico y aniquilado.

CUM LAUDE

el pasante que presenta su examen de grado
siempre tiene una actitud *"poker face"*, en la que
todo es excelente y todo está bien
mientras, por dentro,
lo consumen las dudas y el remordimiento de no ser
lo suficientemente objetivo y haber "manipulado"
los resultados de los instrumentos aplicados,
de cualquier forma, espera que los sinodales
no pongan el dedo en la llaga.
Sin embargo, estos tienen poco tiempo
y les urge terminar el trámite, después de todo, leyeron
en diagonal (cuando no, técnicamente sólo las conclusiones)
una tesis que ya aprobaron.

TEATRO ABSURDO

—Yo tomo las decisiones
pero yo hablo—
—No, yo tomo las decisiones
y yo hablo—
¿Quién demonios es quien piensa
o quién demonios se piensa que es?

Tercia 1
Estamos tan dentro uno del otro
que cuesta despegar las piernas, los brazos, los genitales
en fin, nuestras almas calurosas.

Tercia 2
Sus manos vivieron ciento cincuenta años;
tocando, degustando, palpando.
Sus ojos murieron en cuanto la vio.

Tercia 3
Pueblos no verticales.
En este lugar hace mucho que ya nadie camina erguido
nadie sabe andar
ni hacer nada
todos demasiado ocupados en sus propios pensamientos.

Estocada
Era un sueño inquieto: alacranes recorrían el techo y las
paredes de su alcoba,

golpeaba también contra un sarcófago sin poder salir. Despertó para ver la muchedumbre y sentir el filo de la guillotina en su cuello.

DEBIÓ TIRAR EL REY

ella merecía ganar
pero no
ni siquiera su mueca descompuesta
o la insinuación velada de llanto
pudieron hacer que se rindiera
sino que con un antideportivismo involuntario y pasmoso
machacó su error sabiendo que él debía perder.

HOMO INGENUOS

somos cada vez más ingenuos, infantiles, pueriles,
el juguete y el juego son la forma en que decidimos
evadir la realidad

                                        hasta negarla.
Seguimos atrapados en el coliseo romano, sólo que ahora
no hay épica sino farsa

                          kitsch decadente.

CUANDO EL SEÑOR SMITH

(director estatal del deporte)
llegó a la concentración mientras los seleccionados cenaban
en el afán de dar ánimos y positividad previo al torneo
que comenzaba al día
siguiente
pidió (descuidadamente) que pusieran alma y corazón al
mover cada "ficha" (*sic*)
como si el ajedrez fuera un juego de azar y no de razón.

NO SE PUEDE ENTENDER

que en una biblioteca universitaria
los libros estén convictos, encerrados en un sub-reducto
lejos del alcance de los usuarios
y que para llegar a ellos haya que mediar un ordenador
con su fichero virtual y la posterior petición de libertad
al encargado-custodio,
es casi como tratar a los alumnos de delincuentes
(debo apuntar y aclarar que este lugar del que les hablo
no cuenta con un acervo inmenso
como pudiera ser el caso de la Bodleiana en Oxford,
institución que por el gran número de volúmenes que
tiene los almacena en bodegas industriales
en la periferia de su ciudad)
me crean o no
yo asistí a una escuela así.
Extiendo mi petición mínima
quizás anarquista o idealista
y les digo: *free books*.

SIN SER NAZI

se dibuja todos los días una esvástica en la mano
(esta se despinta cada mañana al bañarse por lo que debe
volver a trazarla)
reivindica su anacrónico y prístino origen vikingo
y nativo americano, está escrito en su libro de historia;
representa el cambio y la transformación de todo, el girar
del mundo, la vida y el universo.
En esta época de adolescente rebeldía
está harto de ser bueno o parecerlo,
quiere cual Rimbaud;
tener la mirada furiosa y el cuerpo marcado, cobrizo…
ser juzgado de una raza
fuerte.

ERAN ALREDEDOR DE LAS SIETE
DE LA TARDE-NOCHE

después de una disputa entre niños
uno de ellos
entra a su casa
sale con un arma
y mata a su compañero de juerga y juegos
el cuerpo cae exactamente en la esquina de la tienda de
la zona
inmediatamente es cubierto por una sábana...
Al volver de trabajar
el padre de Nilac
siente vértigo al divisar los tenis sobresaliendo bajo
el sudario
piensa en la posibilidad de que el difunto sea uno
de sus hijos
pero no, su familia ha estado toda la jornada en casa.
Al siguiente día
a la salida de la escuela
nuestro protagonista y un amigo acuden al velorio en
una casa del vecindario
antes de irse arrojan una moneda dentro del ataúd.
Ese es el primer y único fallecido
que ha visto en vivo en toda su vida,
lo que le sorprende es la ausencia, la boca abierta.

LA BARRACA DE LOS NEGROS

se incendió en la noche
ninguno de los braceros que trabajamos en esta campiña
de Wisconsin
pudo hacer nada para salvarlos
los blancos, los capataces
sólo miraron arder la miseria y el hambre.

LLEGÓ EL CIRCO QUE NO ES CIRCO

a este pueblo suburbano del sur del país cercana
la frontera con México,
las personas se sientan en sillas traídas por ellas mismas
alrededor de las vías
donde hizo un alto el tren que transporta braceros
los cuales descendieron a estirar las piernas y tomar aire,
la gente forma corro alrededor de estos extranjeros
(semi-salvajes al parecer de los locales) aquellos ríen
y se solazan a expensas de la miseria y las carencias
de estos humildes hombres.

BLACKBURNE LEVANTA EL VASO

toma un trago de whisky y hace su movimiento
esta escena se repite tablero tras tablero, mesa tras mesa
en esa ocasión Joseph Henry dio una exhibición
de simultáneas en la universidad de Cambridge
(los estudiantes pensaron que si le dejaban una botella
de escocés y un *highball* al lado de cada partida lograrían
mermar su capacidad de juego)
al final, este gran maestro ganó todas en tiempo récord.
Según este ajedrecista de élite "el alcohol aclara la mente".

SIN TÍTULO

golpea sin golpear como un mar con intervalo
en décimas de segundo,
atrapada su fuerza —venas saltadas—
se derrama hacia todos lados,
basta un gesto, una leve presión o movimiento para
matar y ahogar.
Su mirada torva, con estos jóvenes que vienen buscando
sexo en sus mujeres, se enoja.
Aun así, resignado, en medio de la miseria de la mayoría
de su país, transige a los yumas lo que piden.

GRÁFICO

convencido de que la verdad no existe
(sino que es un panóptico entorno a una botella de agua
sobre una mesa en un salón de clases donde los estudiantes
alrededor aprecian cada uno una cara distinta de dicho objeto)
sólo aspira a escribir honestamente
más esto no implica que sea él quien habla o que sus textos
se basen en su vida, no hace ficción, no ficción
ni autoficción sino una mezcla equidistante simétrica
dentro de un triángulo perfecto en medio de un círculo
que lo une todo.

ATENCIÓN

atento al movimiento, a la velocidad de tus ojos
cobra consciencia de tu respiración pausada o agitada
inspira-expira, tal vez en tres tiempos, en dos, quizás
exhalas en cinco (como cuando por las noches no puedes
dormir e intentas calmarte o como cuando sales a trotar
al parque y cada paso es una inspiración o una expiración
según el caso, según la cuenta, la serie)
siente tus brazos sobre los descansabrazos de la silla,
tus piernas cruzadas o ancladas en el suelo,
rectifica la postura erguida de tu columna,
date cuenta de que estas aquí y ahora, sentado,
respirando, leyendo sabrás que no puedes hacer
dos cosas al mismo tiempo, notarás que es imposible
leer y saber que estás leyendo frente a tu escritorio,
pasando los ojos sobre las letras
y respirando en dos, en tres (tal vez).
Es imposible ver y verte desde afuera como desde un tercero.
La consciencia se desplaza, se detiene, se absurdiza
en una escena de crimen:
puerta entreabierta, luz distante de afuera dibuja
la silueta oscura de ti mismo bajo el dintel mirándote
a ti mismo adentro en la penumbra de tu ser
de esta habitación mar abierto.

NO LE HABLES*

no le hables a un desahuciado de futuro
ni de presente ni pasado ni de nada
(todo se proyecta involuntariamente)
no hagas planes
ni vivas como si no fuera a morir pronto;
el sólo pensar en lo que cree que no verá
hace brotar sus lágrimas.

* "Comunica alegría, no ajada, a sus oídos…" *Ensayo de una despedida*.
Francisco Brines. Tusquets, 2020, (p. 252).

INFANCIAS TROPICALES

en la infancia tropical en que nací los murciélagos
dormían muy cerca de nosotros
prácticamente en el mismo cuarto en otra esquina o peor
en la misma era como si el hombre prehistórico
descansara por la noche en la misma cueva
que estos quirópteros,
en fin, en dicha etapa también existían grandes
mariposas negras que podían marcarte de por vida
al orinarte con su chisguete, yo nunca vi que a alguien
le sucediera ni siquiera estoy seguro de que dichos
lepidópteros sean capaces de tal estigma y naturaleza
además, dicen que las luciérnagas son peligrosas,
en una búsqueda e investigación somera nos enteramos
de que cuando se sienten amenazadas
realizan un proceso llamado "sangrado reflejo"
en el que expulsan una sustancia
química que puede matar otros insectos
y bloquear la respiración en humanos.

LOS GRANDES LECTORES NO TIENEN PREOCUPACIONES

no tienen pasado, parecen no haber vivido,
no haber cometido equivocaciones
o errores, pareciera que no tienen que trabajar
para ganarse el pan y que no tienen cónyuges ni hijos
ni tienen que pagar hipotecas o rentas,
es la única explicación que puedo hacerme porque,
¿de qué otra manera pueden enfrentarse sin remordimientos
a esos sesudos textos que implican atención plena,
sin saltos entre planos de experiencia, sin superposiciones
de tiempos o sucesos personales, sin las divagaciones propias
de cualquier ser humano con cierto camino recorrido?
estos grandes lectores parecen haber nacido,
crecido y muerto exclusivamente en los libros.

BROWN NOISE

le gusta leer con relativo ruido
a menudo en lugares públicos
(—*brown noise*— le llaman ahora los promotores de estos
sonidos que mejoran la concentración)
esto lo obliga a elevar y exaltar su voz interior
sobre todas las cosas y personas
que pudieran distraerlo,
voz tallada entre nudos de mármol o madera,
en medio de la adversidad y el caos
surge según él
la originalidad y superioridad de la obra maestra.

SOBRE UNA ESCULTURA
DE SERGIO BUSTAMANTE

los ajedrecistas no tienen cuerpo
piensan intensamente sólo con sus cabezas
enfrentados frente a frente
flotando sobre el tablero
los codos apoyados en la mesa, las manos sostienen
su sesera
nada más existe en el mundo que la partida que juegan
nada más existe aparte de sus brazos y su cerebro
los ajedrecistas no tienen materia
sus ideas son lo único que los conforma.

LECTORES

1

El viento —que no tiene ojos— quiere leer libros
por eso los hojea cuando los veraneantes los dejan en la
playa mientras se bañan en el mar
tal vez, ávido, sea un lector voraz, ultrarrápido y desordenado
al que no le importa no conocer ni el principio ni el final
sino que se conforma con lo que alcanza a saber de un
vistazo, fugaz como sus nudos,
sus rachas, sus kilómetros por hora.
"Millas náuticas", les llaman a las distancias en el océano.

2

Hay en la sombra un lector —que no lee—
porque es imposible distinguir algo con esta negrura
sin embargo, ahí está sentado con el libro abierto
hace el intento, ¿qué otra cosa le resta?
mira hacia adentro.

TRÁNSFUGAS

Socorro, nos movemos
JEAN GENET

la mejor forma de desplazarte es tener sexo
cerrar los ojos y viajar
cambiar de habitación, de mundo, de cuerpo.
Explosión de nervios y pensamientos
la mano recorre el infinito
nada murió
nada nació
somos sólo pasajeros.
Flor de luz de mil pétalos
estalla en su intelecto
o en su defecto en sus ingles,
tú decides;
según el ritmo
según el vaivén.

AQUELLA PINTURA

¿qué fue de aquella pintura que una vez en un museo
contemplé?
recuerdo que estaba firmada por Jazzamoart
pero ahora que conozco y sigo la obra de este pintor
dudo de si en verdad él la hizo
puesto que no coincide con su estilo ni creo que haya
evolucionado (o involucionado) desde aquella obra
que una vez hace varios años admiré
¡qué gran lienzo aquel, si fue de Jazz, por qué no habrá
seguido en ese rumbo o dirección totalizante donde
la música transforma (distorsiona) la realidad
y viceversa!
¡qué gran cuadro aquel, notas arquitectónicas!

SOÑAR CONTIGO

mientras tú sueñas conmigo
el mismo sueño
el mismo escenario
los mismos actos y palabras
encuentro de amor libre
en el mismo sitio onírico
la misma noche
a la misma hora y momento,
cada uno en su casa y cama
pero juntos mientras dormimos
¿no es esto acaso, amor,
estos besos, estas caricias,
esta universal confluencia?

PASTICHE

de jóvenes e imberbes
escribíamos poemas de amor por contraste
a una gran belleza; una gran desolación, una ciénaga,
un pantano
y en medio brotando la rosa más hermosa entre la fealdad.
¡Qué retórica! ¡Qué recursos! Qué oximorones
empleábamos en aquellos años
pero también qué inocentes e inconscientes romances.

R.E.M.

su padre les dio dinero
a él y su novia para viajar
así que fueron a Guatemala
donde estuvieron secuestrados por Zapatistas
al no poder definirles a estos
el concepto de "poder".

EXTRANJERO

lo mató por sueño, por cansancio, por insolación,
por hambre, por sed, por frío,
por honesto, por perdido, por falso, por ubicado,
por mentiroso, por hacer otra cosa, por hacer algo,
por no ser explotado, por ganar dinero, por empobrecerse,
por aburrido, por diversión... por lo que sea
disparó y todo siguió como era.

SE AÍSLA DE LOS GRITOS Y
DISCUSIONES DE SUS PADRES

gracias a unos audífonos y música de rock,
no sin cierta culpa por que sus progenitores comiencen
a golpearse y lleguen a herirse o matarse
y él no pueda enterarse ni hacer nada para evitarlo.

ONDEA

ondea con fuerza la bandera pirata
es más, es arrancada por el viento
ya vuela lejos sobre el mar, distante
ahora somos barco mercante, legales;
sin esclavos, sin asaltos, sin robos.
Hemos izado un pescado aún con carne.

ANÁLISIS DE UN SUEÑO ESTANDO AÚN DORMIDO

el vaquero hace su suerte,
su sombrero,
le tira a la luna,
a las estrellas,
no espera
que la oportunidad aparezca.

LA VIDA SE RESUME

en la búsqueda de un molino de café
lo suficientemente pequeño y asequible
para las necesidades diarias
pero sofisticado para medir los gramos que usamos
en cada taza
con las opciones necesarias y claras de molienda fina
para espresso o gruesa para prensa con todas
sus variantes intermedias.
Debe ser de muelas de preferencia, no de aspas.

OH TEMPORA

al intentar llevar la poesía al ágora, se fracasa y fracasará
esta disciplina debe cultivarse en interiores privados
y personales
a nadie le importa la verdadera política ni la literatura,
menos cuando estalla madura y fresca en la boca
de los hambrientos que prefieren ignominia
basura y rápida
se maldecirá en toda ciudad o pueblo aquel
que intente hacer de la calle su hogar
(lugar confortable y tendente a la sabiduría)
Sócrates, condenado por su pensamiento crítico
y disidente, prefirió la muerte
ajustada conforme las leyes, a la anarquía de la fuga
y el exilio.

DESPUÉS DE VARIOS DÍAS DE JUERGA

casi sin comer y generosamente bebido
mira su rostro de madrugada en un espejo:
sus ojos dan vueltas, se mueven sin orden, enloquecidos
además, vislumbra en la sombra el contorno pendiente
de su hermana ahorcada.

FUE A LA GUERRA

lo mutilaron
volvió
ahora vive de su pensión en México o en cualquier parte.
Las personas en su país
lo detienen por la calle y le dicen: —gracias por su servicio—
pero más bien quieren decir: gracias por sus
extremidades, por sus miembros.
Él parece contestar: gracias por los dolarucos.

JÓVENES EXTRANJEROS

quizás norteamericanos
¿qué hacen en este antro, en este hoyo funky con jazz
en vivo
jugando una partida de ajedrez en un pequeño tablero
de madera
con una iluminación no apta para tal empresa?
Mejor pidan un mojito, disfruten del jam o performance,
aprecien el sincopado.

SIEMPRE ESCAQUEÉ

jugar peón de rey en partidas importantes de torneo
por miedo a las complicaciones (teóricas y prácticas)
de que me respondieran con algún tipo de siciliana
mi repertorio de aperturas era limitado y modesto
hay que decirlo
a veces me aburría jugar lo mismo
pero era lo que había, lo que más o menos dominaba
(entre deberes escolares y lecturas de placer)
con las prisas y la falta de preparación adecuada
ante la víspera de alguna competición mayestática
era mejor matarse estudiando partidas que descansar
correctamente.

EL SANATORIO DE LA DIÓCESIS

ofrece medicina a precios accesibles,
casi nunca está abierto
pero cura con fe y divinidad,
los pacientes esperan afuera sentados en bancas de cemento,
el umbral parece sacado de una prisión.
Enfrente, el jardín y la bola de agua
no logran alegrar el ánimo de los enfermos:
vagabundos, perdularios, criminales, humildes parroquianos.

BABALAWO

ella princesa escandinava vikinga de Noruega
él chamán africano que de alguna forma sexual
y/o mágica la amarró con efigies
y/o prácticas ancestrales, poderoso y secreto vudú
concretan lo que Rasputín y la zarina no pudieron
se casan hoy, dice el periódico, hay fotos
y lucen enamorados, sin embargo, siempre queda
la sospecha.

FILOSOFÍA DEL JUICIO

perder el juicio es no distinguir el bien del mal, la belleza
de la fealdad,
la sabiduría de la ignorancia (donde se halle)
yo juzgo
tú juzgas
él juzga
nosotros juzgamos
ustedes juzgan
ellos juzgan
pero ¿en base a qué ética, ontología, epistemología
y estética?
el ser humano, animal condenado a juzgar y ser juzgado
existes, luego juzgas
a lo largo de la vida libre, cada uno es juez y acusado,
nos sentenciamos
y absolvemos una y otra vez
hasta que morimos.

ODONTOLOGÍA

poco a poco sus dientes se han demacrado
entre otras prácticas
por la repetitiva costumbre de cerrar la boca
(e inconsciente apretar las mandíbulas) al respirar
por la nariz para lograr concentrarse y meditar:
dentina desgastada, raíces enanas, le pulsan los nervios
amenazando dejarlo chimuelo
dentadura de hombre de edad avanzada, momia prehistórica
no le importa, se sabe condenado a usar postizos,
su retracción gingival impide puentes fijos o implantes
inconscientemente a lo largo de su vida ha buscado
la apariencia de anciano-sabio (símbolos inseparables
—y avatares— uno del otro) sólo espera que el tufo
del adhesivo no desanime a las jovencitas cuando lo besen.

SUFICIENTE PARA CARLSEN

en el ajedrez como en la vida a la más mínima ventaja
material, posicional, de desarrollo o iniciativa
busca cambiar las piezas, precipitar el final y ganar
nunca sabremos cuándo volveremos a estar una pulgada
delante de nuestro contrincante o circunstancias
aguerridos debemos defender y consolidar
lo que se presenta.
Lo podríamos llamar: marrullería extrema.

BUEN SALVAJE

ponle lápiz y papel
máquina de escribir
enfrente
a quien no sabe el abc:
contará la verdad
de la vida y el universo,
esa que los alfabetos y letrados perdieron o nunca
tuvieron en su proceso
educativo.

SUAVE MATRIA

caliente, húmeda, apretada, fecunda, extasiada
entreabierta, *alacena* y *pajarera*
suave matria
sólo en ti creo.
Suave matria de Luis González y González
(microhistoriador mexicano)
de Atahualpa Yupanqui (trovador argentino)
terruño objetivo que podemos conocer, habitar, disfrutar
apto a la medida humana
todo lo demás, ideología.

ÍNDICE

Yo pude ver a Marcos 11

Tuve una mujer...12

Cena de estudiantes universitarios....................................14

Coffee Deus..15

Después de innumerables presos y años............................16

Érase una vez un país..17

Peniques..18

Exequias..19

La noche anterior había estado lloviendo..........................20

Reformas..21

Nunca ha peleado..22

Scudería Ferrari...23

No debí hacer ese viaje a Cuba..24

Manifiesto..25

Antes durante algún tiempo...27

Hinterland...28

Sin título..29

Estética de la razón y la historia.......................................30

El embalsamador..31

¡Qué terquedad!..32

Sólo creando comprendemos lo creado.............................33

Vivo en una pieza de alquiler...34

Otras crónicas..35

Esa noche..36

Impávidos..37

Cum Laude..38

Teatro absurdo...39

Debió tirar el rey...41

Homo ingenuos......42

Cuando el señor Smith......43

No se puede entender......44

Sin ser nazi......45

Eran alrededor de las siete de la tarde-noche......46

La barraca de los negros......47

Llegó el circo que no es circo......48

Blackburne levanta el vaso......49

Sin título......50

Gráfico......51

Atención......52

No le hables......53

Infancias tropicales......54

Los grandes lectores no tienen preocupaciones......55

Brown noise......56

Sobre una escultura de Sergio Bustamante......57

Lectores......58

Tránsfugas......59

Aquella pintura......60

Soñar contigo......61

Pastiche......62

R.E.M.......63

Extranjero......64

Se aísla de los gritos y discusiones de sus padres......65

Ondea......66

Análisis de un sueño estando aún dormido......67

La vida se resume......68

Oh tempora......69

Después de varios días de juerga......70

Fue a la guerra......71

Jóvenes extranjeros......72

Siempre escaqueé..73

El sanatorio de la diócesis...74

Babalawo..75

Filosofía del juicio..76

Odontología..77

Suficiente para Carlsen..78

Buen salvaje...79

Suave matria...80